FRÉJUS ROMAIN

ANGERS, IMPRIMERIE A. BURDIN ET Cie, RUE GARNIER, 4

FRÉJUS ROMAIN

PAR

CAMILLE JULLIAN

PARIS
ERNEST LEROUX, ÉDITEUR
28, RUE BONAPARTE, 28
—
1886

FRÉJUS ROMAIN

On répète volontiers que la France est ce que connaissent le moins les Français qui voyagent, et l'on a raison : nos touristes vont trop souvent demander aux sites de l'étranger ces joies et ces surprises que leur patrie aimerait si bien à leur donner. On peut dire avec autant de raison que la Gaule est, de tous les pays civilisés par Rome, le plus négligé de ceux d'entre nous qui aiment Rome, ses ruines et son histoire. Assurément, ils n'ont point tort de faire de l'Italie, de ses monuments et de son passé, le champ préféré de leurs courses et de leurs recherches. Mais il est permis de regretter qu'avant de franchir les Alpes, le voyageur s'arrête si rarement dans la vallée du Rhône ; qu'après s'être nourri des textes anciens, l'érudit applique si rarement ses connaissances à l'étude de notre cher pays. Aujourd'hui, tout nouveau membre de l'École française de Rome, pour peu qu'il ait au cœur l'amour de l'antiquité, se hâte de gagner les bords du Tibre, et, le soir de son arrivée dans la Ville Éternelle, d'aller contempler le Forum et le Colisée aux lueurs du soleil couchant. Peut-être devrait-il moins se presser : il serait bon qu'on l'invitât à s'arrêter quelques semaines en deçà des Alpes ; il prendrait

1) Deux livres ont été récemment consacrés à Fréjus : Aubenas, *Histoire de Fréjus*, 1881, Fréjus, in-8; Héron de Villefosse et Thédenat, *Inscriptions romaines de Fréjus*, 1884 (1885), Paris et Tours, in-8: tous deux sont excellents. La topographie de la ville a été spécialement traitée, outre le livre de M. Aubenas (seconde partie), dans deux travaux très recommandables: Texier, *Mémoire sur la ville et le port de Fréjus*, dans la collection des *Mémoires présentés par divers savants à l'Académie des Inscriptions et Belles-Lettres*, IIᵉ série, Antiquités de la France, tome 11, 1849: Victor Petit, *Description de Fréjus*, dans le *Bulletin monumental*, tomes XXXI et XXXII, réimprimée dans le *Congrès archéologique* de 1866, XXXIIIᵉ session, et à part en un volume, 1878, Cannes. La plus utile parmi les anciennes histoires est celle de l'abbé Girardin, *Histoire de la ville et de l'église de Fréjus*, 1729, Paris, 2 vol. in-12.

dans son pays un avant-goût du monde antique ; avant d'étudier
l'histoire romaine à Rome, il commencerait à l'aimer en Gaule.

Rien, sans aucun doute, ne remplace la vue du Forum, du
Colisée, de la voie Appienne, de Pompéï : nulle part ailleurs nous
n'aurons les restes augustes d'une capitale, il faudra nous con-
tenter, comme dirait Juvénal, de ruines « municipales ». Mais
Rome et Pompéï mises à part, est-il au monde des villes qui
donnent l'idée d'une cité romaine au même degré que Fréjus,
Arles, Nîmes ou Trèves? L'antiquité a-t-elle laissé en quelque
endroit un ensemble aussi complet de vestiges? A Nîmes, temples,
thermes, château d'eau, amphithéâtre, tout cela est resté debout,
et les ruines de Rome même n'ont pas opposé aux attaques du
temps et des hommes une aussi solide résistance. En Provence,
chaque ville a conservé un témoignage différent de son passé
romain : Arles, ses arènes, Riez, son panthéon, Saint-Rémy, son
arc et son mausolée, Orange, son théâtre : et, à côté de ces villes,
les plus obscurs villages de la France méridionale peuvent mon-
trer des débris superbes de l'art gallo-romain, comme Saint-
Chamas, sur l'étang de Berre, Vernègues, près de la Durance,
Lanuéjols, dans les monts de la Lozère. Ces souvenirs sont si
nombreux dans la vallée du Rhône et sur les bords de la Méditerranée, qu'on se croit en présence, non pas des ruines de
quelques cités isolées, mais des ruines d'une province romaine
tout entière.

Ce qui est particulier au midi de la France, c'est le rôle qu'y
jouent les édifices antiques dans la vie municipale d'aujourd'hui.
Ce ne sont point seulement des monceaux muets de pierres et
de briques, des fantômes du passé; mais ils ont encore quelque
chose de l'âme qui les animait autrefois. Ostie, Pompéï, la voie
Appienne, Tivoli, le Forum même et le Colisée, ce sont des
ruines au milieu d'un désert : l'existence s'est retirée des abords
comme de l'intérieur de ces débris. Chez nous, au contraire,
presque tous ces restes d'un peuple disparu depuis quinze siècles,
sont toujours pleins de gaieté et de vie : ils sont au beau milieu
des cités, demeurées populeuses et bruyantes. Seule de nos
villes gauloises, Fréjus rappelle les villes mortes du Latium et
de la Campanie, aussi bien par son présent, que nous essaierons
de décrire, que par son histoire, que nous tenterons de retrouver.
Mais partout ailleurs, les débris romains ne se trouvent point
relégués avec leurs souvenirs loin du mouvement de la cité mo-
derne : elle leur a fait une place dans son existence de chaque

jour. Le Pont-Flavien sert comme autrefois aux voyageurs ; il y
a une route nationale sur le pont du Gard ; dans la Nymphée
de Nîmes coule toujours, « plus pure que le cristal », l'eau de la
Fontaine chantée par Ausone et adorée par les empereurs ; et
les arènes d'Arles et de Nîmes retentissent souvent encore, aux
heures de fêtes, de l'éclat des fanfares et des clameurs de la
foule. On fait grand bruit, dans le monde qui voyage, à propos
du spectacle qu'offre le Colisée au clair de la lune, ou le Forum
aux feux de Bengale. C'est un merveilleux coup d'œil, assurément : mais, pour curieux qu'il soit, il n'a rien d'historique, il ne
ravive aucune impression du passé. Ce n'est pas le silence des
nuits que les Romains allaient chercher dans leur Colisée, et ils
n'éclairaient pas leur forum, que je sache, de flammes multico-
lores. Si nous voulons nous figurer ce qu'était un amphithéâtre
aux jours solennels, gardons-nous bien d'aller à Rome, où nous
ne trouverons trop souvent que de l'antiquité de fantaisie : allons,
ce qui est plus court, plus gai et moins cher, allons à Nîmes le
jour d'une course de taureaux espagnols. Le spectacle (Dieu me
préserve d'en prendre la défense !) est émouvant, grandiose et
cruel : il est romain, aussi romain que l'amphithéâtre, que le ciel
bleu qui l'éclaire, que la foule passionnée qui l'applaudit. Les
arènes, étincelantes sous le soleil du Midi, retentissantes de cris
ou pleines de murmures, couvertes d'une multitude bigarrée
qui en tapisse les gradins, les colonnes et les murailles, qui s'y
attache comme le lierre aux ruines, donnent une vivante sensa-
tion du passé romain. Ceux qui aiment ce passé et ont voué leur
vie à le connaître, ne l'auront jamais pour ainsi dire vu de plus
près, mieux perçu de tous leur sens, que le jour récent encore,
mais déjà fameux dans les fastes nîmois, où courut la *cuadrilla*
de Salvador Sanchez Frascuelo. Ce jour-là, Rome, avec ses joies,
son soleil et ses vices, a revécu dans Nîmes.

Si la visite des cités romaines de la Gaule ajoute à l'intelligence
de l'antiquité latine, elle présente d'autre part le puissant et
patriotique intérêt qui s'attache aux origines de notre chère
patrie. C'est sous la domination de Rome qu'elle sort du crépus-
cule de la légende pour entrer dans la pleine lumière de l'histoire : tous, nous savons trop ce que nous devons à Rome pour
qu'on ait le droit d'insister sur cette vérité. Ce qui, je l'espère,
fait pour la plupart d'entre nous l'attrait principal de l'histoire
romaine, c'est qu'elle est à la fois la période la plus compréhen-
sive de l'histoire générale et le commencement de notre histoire

nationale. N'est-ce pas ce qu'a bien compris un savant qui est
un maître entre tous, M. Fustel de Coulanges, en préludant par
l'étude de la civilisation antique à celle des institutions de la
France?

Je voudrais ressaisir ici la physionomie de celle des cités
gauloises qui, par sa situation sur la mer Méditerranée, par la
nature de son origine et les conditions de son existence, par le
caractère enfin de ses ruines, ressemble le plus aux villes romaines de l'Italie : je veux parler de Fréjus. C'est à Fréjus que
les vaisseaux de guerre latins venaient aborder en Gaule : visi-
tons Fréjus tout d'abord, nous aussi, nous dont le point de
départ est l'histoire romaine.

I

S'il est deux villes en France qu'on songe peu aujourd'hui à
comparer l'une à l'autre, c'est assurément Fréjus et Marseille.
Celle-ci, par sa turbulence, sa richesse et son faste, est notre
première cité maritime, et tout fait espérer qu'elle demeurera
longtemps encore sur la voie ascendante de la fortune. Fréjus est
une petite, tranquille et modeste ville : elle n'aime pas à faire
du bruit dans le monde ; elle n'aspire plus à y jouer le moindre
bout de rôle ; elle se laisse volontiers éblouir par un village
obscur il y a un demi-siècle, par son voisin Saint-Raphaël, qui
l'éclipse de l'élégance et de la célébrité de sa plage, de ses villas
et de ses hôtes. Mais, en se souvenant des temps où la Gaule était
une province romaine, il est naturel de réunir dans une pensée
commune Marseille et Fréjus. Toutes deux étaient alors, à des
titres différents, les métropoles maritimes du sud-est de la Gaule.
« Les ports de ce rivage », disait Strabon, le géographe ancien
qui a le mieux décrit notre pays, « sont de médiocre grandeur, à
l'exception de ceux de Marseille et de Fréjus : ce dernier est considérable. » Entre les Alpes et le Rhône, il ne se trouvait sur la
côte que trois villes jouissant de l'important privilège de former
une commune, comme nous dirions aujourd'hui, une *res publica*,
comme disaient les Romains : c'étaient Antibes, Fréjus et Marseille. Antibes, trop près de l'Italie pour se développer librement,
n'ayant du reste qu'un petit port et un territoire restreint, ne
conservait que l'importance qui lui était assurée par ses souvenirs grecs, la fertilité de ses environs, la douceur de son climat,

les charmes d'une vie artistique et voluptueuse. La suprématie
qu'avait possédée Marseille jusqu'à l'arrivée des Latins et qu'elle
devait reprendre au moyen âge pour la conserver jusqu'à nos
jours, ne lui fut disputée que sous l'empire de Rome, par les
cités rivales de Narbonne et de Fréjus. Ce n'est pas en songeant
à l'état actuel de cette dernière ville qu'on se fait une idée de
son passé et de son rôle : celui-là fut plus brillant, celui-ci, plus
étendu que nous ne croyons d'ordinaire. Tacite regarde comme
un titre de gloire pour son beau-père Agricola qu'il soit originaire
de Fréjus. Un siècle tout au plus après sa fondation, sa richesse
et sa renommée faisaient illusion sur son âge, puisque ce même
Tacite ne craignait pas de l'appeler une colonie « antique et il-
lustre » : Marseille n'eût point dédaigné ces deux épithètes. L'une
et l'autre cité pouvaient donc se vanter d'être des reines de la
Méditerranée.

C'étaient, on le pense bien, deux reines ennemies. Je ne crois
pas pourtant à une rivalité de commerce. Fréjus ne fit point
grand mal aux négociants marseillais : leurs vrais adversaires
étaient les colons de Narbonne, qui leur firent une désastreuse
concurrence, qui causèrent la ruine et là décadence de leur cité,
et dont les victorieuses entreprises obligèrent la fille de Phocée
à échanger la vie d'affaires contre la vie littéraire et scientifique,
le culte de Mercure contre celui des Muses. Fréjus, au contraire,
ne fut jamais, semble-t-il, un centre important de trafic : aucun
des témoignages que nous a laissés sur lui l'antiquité, textes et
inscriptions, ne permettent de supposer qu'il y régnât la moindre
activité commerciale : nous n'y connaissons point de corporation ;
on n'y a trouvé aucune épitaphe de marchand ou d'industriel.
D'ailleurs, ses intérêts étaient incompatibles avec toute influence
commerciale. C'était une ville de garnison, de passage de
troupes : il est bien rare qu'un port de guerre soit aussi un port
marchand. Toulon, malgré le nombre et l'intelligence de ses
habitants, est, comme cité de trafic, l'une des dernières de la
Méditerranée : c'est qu'en effet, ainsi que le dit M. Élisée Reclus,
« cette physionomie guerrière de la ville et les stricts règlements
de la marine n'agissent point d'une manière favorable sur le
commerce ». Or Fréjus était le port militaire de la Gaule méridionale : il jouait à côté de Marseille, sur la Méditerranée romaine, le rôle qui, depuis deux siècles, appartient à Toulon.

Il n'en est pas moins vrai que la fondation de Fréjus fut un
coup dirigé contre Marseille : la nouvelle ville était destinée à

devenir, pour la cité phocéenne, une rivale, non pas d'affaires, mais d'influence; sa création eut pour but et pour conséquence la soumission définitive à la civilisation latine de cette Gaule méridionale que Marseille avait toute imprégnée de la langue, de la culture et des mœurs helléniques. Elle est une des premières, une des plus décisives mesures qui devaient faire de cette région, jusque-là celtique et grecque, le pays le plus romain de l'empire après Rome, non pas seulement une dépendance, mais, comme disait Pline l'Ancien, le prolongement et la banlieue de l'Italie. A ce titre, l'établissement du port de Fréjus est un fait capital dans l'histoire de la civilisation de la Gaule, et il importe d'insister sur les vrais motifs qui l'ont amené.

Au moment où Jules César achevait la conquête de la Gaule et songeait à celle du pouvoir suprême, la partie méridionale, la région du Rhône, de la Méditerranée et des Alpes, bien qu'annexée depuis trois quarts de siècle, était loin d'avoir accepté la civilisation et même seulement le joug des Romains. Jusqu'alors, le sénat avait peu fait pour sa province transalpine : la victoire avait été rapide; l'occupation était demeurée superficielle, et l'influence assez légère. L'organisation du pays en cités n'était point faite. Il n'y avait de colons romains qu'à Narbonne; Aix et Toulouse étaient de simples châteaux-forts. L'armée romaine se trouvait représentée non pas par des garnisons, mais par des postes. Les noms mêmes des futures métropoles de la province, d'Arles, de Vienne, de Fréjus, ne sont jamais prononcés par les écrivains de la République. Sur le rivage et dans toute la vallée du Rhône, Marseille faisait dominer le nom de la Grèce par ses flottes, par ses colonies, par ses relations, par l'esprit aventureux de ses habitants. Les marchands indigènes préféraient, semble-t-il, ses monnaies à celles de Rome : on les retrouve sur tout le rivage, dans les Cévennes, dans les Pyrénées, et jusqu'aux abords de l'Atlantique. Ce n'était pas seulement sur le bord de la mer qu'elle avait fondé des comptoirs : mais, dans l'intérieur des terres, des villes destinées sous la domination romaine à une grande splendeur, Avignon, Cavaillon, Nîmes, dépendaient de la puissante colonie phocéenne. Partout on parlait, on écrivait le grec autant que le celtique, plus que le latin. Toute la lisière maritime était grecque; l'intérieur, à demi grec, à demi gaulois : les établissements romains se trouvaient épars et isolés.

A certains égards, la Gaule transalpine n'était pas une vraie

province, et pouvait être regardée comme une annexe de l'Espagne. La conquête en avait été intimement liée à celle de la
péninsule ibérique : les Romains ont mis le pied en Gaule afin
d'aller chercher et combattre les Carthaginois sur la route de
l'Espagne. S'ils l'ont gardé, c'est pour assurer les communications entre l'Italie et l'autre presqu'île de l'Occident, pour cou-
vrir du côté des Pyrénées la frontière de la province espagnole.
Il est certain que la Gaule avait avec l'Espagne, sous la République, des rapports plus fréquents et plus sûrs qu'avec l'Italie :
qu'on songe à l'écho qu'eut sur les bords du Rhône le soulève-
ment de Sertorius. La seule partie de la province qui fût un
peu effleurée de l'esprit romain, était la région qui touchait à
l'Espagne, celle où se trouvaient la colonie de Narbonne et le
fort de Toulouse; c'est dans cette région que se déroulèrent les
drames ou les comédies que racontait Cicéron dans son plai-
doyer pour Fonteius; c'est là que les gouverneurs résidaient de
préférence, assez loin, comme on voit, de l'Italie; c'est là encore
qu'on a retrouvé les plus anciennes inscriptions latines qui
aient été gravées entre les Alpes et les Pyrénées. Un instant
même, après la mort de Jules César, la Gaule du sud fut réunie
à la province espagnole. Il en était de ces deux pays, sous la
domination du sénat romain, comme au moyen âge, sous celle
des Goths et des Sarrasins : ils avaient de communes destinées,
bien différentes de celles des régions du Rhône et des Alpes, de
la Provence et du Dauphiné.

C'est qu'en effet les communications n'étaient point faciles
entre la vallée du Rhône et celle du Pô. On avait, sans doute,
tracé deux grandes voies pour unir, à travers la Gaule, l'Espagne et l'Italie : la voie Domitienne, qui descendait la Durance;
la voie Aurélienne, qui longeait le rivage. Mais, s'il est vrai que
ces chaussées portent le nom de consuls de la république, elles
ne furent réellement construites et ne devinrent fréquentées
qu'à partir de l'ère impériale. Il y avait là, le long de la mer et
le long des Alpes, des peuplades qui vivaient dans une indépen-
dance assez complète pour que les généraux de Rome pussent
l'expérimenter à leurs dépens. La première année de la guerre
des Gaules, en 58, César est arrêté par les montagnards dans
la vallée de la Durance; c'est d'Espagne plutôt que d'Italie qu'il
fait venir ses vivres et ses munitions. Pendant les quinze premières années de son gouvernement, Octave usera ses légions
et ses légats pour pacifier les contrées alpestres, du lac Léman

au golfe de Gênes : ce n'est que sept ans avant notre ère qu'il regardera la tâche comme accomplie et qu'il dressera, près de Monaco, sur une montagne dominant la mer de Toscane, le trophée destiné à perpétuer le souvenir des pénibles victoires de ses soldats et de la tardive annexion des Alpes à l'empire.

Il existait donc, entre le Rhône et les Alpes, une lacune considérable dans le monde latin. C'est en plein dans ce pays, à l'embouchure de l'Argent, que la colonie romaine de Fréjus s'éleva, dans une position merveilleusement adaptée à la politique et aux ambitions de Rome.

Comme station maritime, Fréjus est à l'extrémité de la voie la plus courte qui, des ports militaires de l'Italie, mène aux rivages de la Gaule. On sait que, de l'embouchure du Rhône à la frontière italienne, la côte de la Méditerranée suit deux directions différentes ; jusqu'aux îles d'Hyères, les antiques Stéchades, elle va droit de l'ouest à l'est : au-delà, elle remonte vers le sud-est et conserve cette inclinaison jusqu'à Vintimille. Du Rhône aux Stéchades, le rivage gaulois fait face à l'Afrique : des Stéchades au Var, c'est l'Italie qu'il regarde. Or, Fréjus se trouve sur la portion du littoral français qui fait vis-à-vis au littoral italien. Et, de plus, il occupe le centre même de cette ligne : de Fréjus à Hyères, comme de Fréjus à Menton, la distance est la même. Enfin, il est bâti au seul endroit de cette longue suite de rivages où les montagnes s'écartent pour faire place à une large vallée ; depuis Marseille jusqu'à Gênes, elles ne cessent pas de suivre le bord de la mer ; elles forment une muraille abrupte et continue, qui ne s'entrouvre qu'à une seule place, celle où l'on fonda Fréjus : là, entre les deux puissants massifs des Maures et de l'Estérel, débouche la plaine de l'Argent, la seule clairière que l'on trouve dans cette épaisse forêt de monts qui couvre le sud-est de la Gaule.

Fréjus est encore mieux situé comme poste terrestre que comme station maritime. Son importance stratégique est considérable sur les routes de mer : elle l'est bien davantage sur les routes de terre ; car la ville commande la grande chaussée militaire par laquelle, en venant d'Italie, on pénètre dans l'intérieur des Gaules.

Après avoir franchi le Var, la voie Aurélienne continuait à longer de près le littoral, dominant la mer des hauteurs escarpées où serpente aujourd'hui la route de la Corniche. Jusqu'à Fréjus, elle pouvait, sans abandonner le rivage, conserver cette

direction rectiligne qui était celle des routes publiques de
l'empire et qui assurait aux armées et aux estafettes de Rome
cette rapidité de marches et cette sûreté de relations qui est
encore pour nous un perpétuel sujet d'étonnement. Mais si,
au-delà de Fréjus, on prolonge en droite ligne la voie Aurélienne,
on s'éloigne de plus en plus du rivage pour pénétrer dans la
plaine de l'Argent. Or, d'autre part, cette vallée commence un
des grands chemins historiques, une des plus fortes dépressions
de terrain de tout le sud-est de la Gaule, une excellente voie
naturelle qui, par les cours de l'Argent, de l'Arc et de la Tou-
loubre et par le désert de la Crau, va, sans jamais dévier de sa
direction première, aboutir sur les bords du Rhône, à Arles, le
centre du réseau des routes romaines dans la Gaule transalpine. Cette voie avait pour les Italiens un double avantage.
D'abord, rectiligne et praticable en toute saison, elle était la
vraie continuation de celle du littoral : de Campanie en Gaule,
il n'y avait pas de chemin plus court et plus sûr. Puis, elle cou-
pait en deux les populations gauloises de ces contrées, de même
qu'elle sépare aujourd'hui la haute et la basse Provence : au
sud, elle laissait les Salyens, peuplades moitié celtiques, moitié
ligures, qui habitaient les monts des Maures; au nord, elle
arrêtait les Celtes des Alpes, des vallées du Verdon et de la Durance. Aussi a-t-elle joué un rôle capital, non pas seulement
dans l'histoire de la Gaule, mais même dans l'histoire romaine.
Dès leur arrivée dans le pays, les Latins s'y établissent forte-
ment, en fondant la station d'Aix sur les bords de l'Arc. C'est à
l'entrée de cette voie que Marius attend les Cimbres pour leur
fermer l'accès de l'Italie. Au temps des dernières guerres civiles,
c'est là, dans la vallée de l'Argent, que se décida le sort de la
république romaine : là se rencontrèrent les armées de Lépide
et de Marc-Antoine, celle-ci, cherchant à gagner la Gaule, celle-
là, marchant à la conquête de l'Italie. Les deux rivaux se trou-
vèrent en présence sur les bords de l'Argent : mais, au lieu de
se combattre, ils s'entendirent; et du pont de l'Argent fut daté
le manifeste qui devait être le signal de la chute de la République. Sous l'empire, des soins tout particuliers furent donnés
à l'entretien de la voie Aurélienne : ce qui le prouve, c'est que
nulle route militaire dans tout le monde romain, pas même en
Italie, n'a fourni un aussi grand nombre de bornes milliaires.
Rien que dans les environs immédiats de Fréjus, nous n'en
trouvons pas moins d'une douzaine, et des époques les plus

différentes, depuis le règne d'Auguste et l'an XIII avant notre
ère jusqu'au temps des Constantins et des Valentiniens. Par
places, surtout dans le département des Bouches-du-Rhône, la
voie Aurélienne apparaît encore tout entière, avec ses dalles,
avec son imperméable béton, avec les ornières tracées par les
lourds chariots des Gaulois et les échancrures produites par les
fers des chevaux. La tradition a conservé chez les paysans le
souvenir de la lointaine origine de ces chaussées extraordinaires.
Les Allemands des bords du Rhin ou du Danube appellent souvent les voies romaines « les chemins du diable » : nos villa-
geois provençaux ont mieux gardé la mémoire de leur passé;
la voie Aurélienne s'appelle chez eux tantôt *lou camin Aoure-
lian*, tantôt *lou camin Roumieu*, tantôt encore *lou camin ferra*,
« le chemin de fer » ; et ce dernier nom, qui date de bien loin et
qui rappelle aujourd'hui une chose très différente, est d'autant
plus étrange et plus frappant que les chaussées militaires du
peuple romain ont amené dans le monde antique une révolution
semblable à celle qu'opère sous nos yeux l'extension des
chemins de fer.

De Fréjus partait, vers le nord, une autre voie qui eut son
importance au temps des guerres soutenues par Auguste contre
les nations alpestres. Par la vallée de la Nartubie, elle gagnait
Aups, puis Riez, dont les ruines pittoresques rappellent qu'il fut
le centre d'un grand peuple gaulois. De Riez, elle rejoignait la
Durance, qui formait du côté de l'Occident la bordure des cités
alpestres. Cette route était sans contredit la plus courte qui
menât du rivage au centre de la région des montagnes; c'est
par elle, je suppose, qu'Auguste a fait venir une partie des
troupes destinées à dompter les Alpes. C'est par elle que le lieu-
tenant de Vitellius, Fabius Valens, arrivant de Germanie et s'ap-
prêtant à franchir le mont Genèvre, expédia à Fréjus les déta-
chements chargés de protéger le littoral méditerranéen contre
les tentatives des soldats d'Othon.

Fréjus était donc le point d'arrivée des deux routes d'Italie,
la route de mer et la voie du rivage. C'était, en outre, le point de
départ des deux grandes chaussées qui pénétraient en Gaule,
celle qui menait au Rhône, celle qui gagnait les Alpes. C'était,
avec Arles, la tête de lignes la plus importante de toute la Gaule
Narbonnaise : plus importante à certains égards que la cité du
Rhône, à cause du double voisinage de la mer et de l'Italie.
Tacite appelle quelque part Fréjus « la clé de la mer » : c'était

juste; mais il aurait pu le nommer avec autant de justesse « la clé des Gaules ».

Certes, on peut critiquer le choix de Fréjus : port détestable, tout y fut à créer pour les Romains. Mais rappelons-nous qu'ils recherchaient fort peu les avantages naturels lorsqu'ils voulaient se donner une station navale. Ravenne et Misène, les deux grands ports militaires de l'Italie, valaient-elles mieux que Fréjus? Je ne le pense pas. Il y avait, sur les bords de la Méditerranée gauloise, des sites admirables, connus et fréquentés déjà, que les Romains eussent pu mille fois préférer à la plage de Fréjus. Mais Fréjus était, sur mer et sur terre, un point stratégique merveilleux : il fut choisi.

Si les Romains avaient voulu une station navale destinée à protéger le rivage, à pacifier la mer, à menacer les côtes voisines ou opposées, ils n'eussent pu être plus mal inspirés qu'en adoptant Fréjus. Quand Louis XIV chercha un port pour jouer ce rôle, c'est à Toulon qu'il songea. Mais la mission de Fréjus était plutôt sur terre que sur mer : il avait avant tout à surveiller et à civiliser les peuplades qui l'entouraient, à unir la Gaule à l'Italie, à maintenir libres les voies du continent. Ce n'était pas, comme fut Toulon, un port de guerre gaulois sur la Méditerranée, mais un port de guerre romain sur le rivage de la Gaule.

II

Aussi Fréjus est-il entièrement une création de Rome. Le légitime amour-propre des savants locaux aime à en reculer l'origine bien au-delà de l'ère romaine. Les uns ont cherché à l'embouchure de l'Argent les traces d'une bourgade celtique. Les autres y ont fait débarquer les Grecs : « Fréjus naissant », a dit le bon abbé Girardin, « sur le bord de la mer, entre les mains des Phocéens était semblable à un jeune arbre qui s'élève insensiblement et qui, étendant tous les jours ses branches et ses feuilles, devient toujours plus fort et plus agréable. » Voilà de la poésie, mais sans couleur historique. La vérité est que Fréjus et ses environs n'ont rien encore livré qui ne soit réellement romain. En vain chercherait-on sur les ruines et dans les débris l'influence des Grecs de Marseille. Aucun des noms gravés sur les inscriptions ne trahit non plus une origine celtique. Puis, ni les Gaulois, ni les Phocéens n'auraient eu quelque intérêt à s'établir sur cette plage ouverte et mal défendue. Ce n'est pas la nature, ne l'oublions pas, qui a fait de Fréjus un port de mer.

Fréjus s'appelait en latin *forum Julii*, ou, comme dit un géographe du bas empire, *forum divi Julii*, c'est-à-dire « le marché de Jules César ». Ce nom suffit à indiquer, sinon le moment où s'élevèrent les premières habitations, du moins celui où l'État romain reconnut officiellement l'existence de Fréjus : la ville naquit au temps où Jules César gouvernait les Gaules, entre les années 58 et 44 avant notre ère. Comme son nom le montre encore, ce n'était point une cité à l'origine : elle ne formait pas une commune, elle n'avait pas de *res publica;* c'était une bourgade, un marché, un centre de ravitaillement pour les troupes qui circulaient entre la Gaule et l'Italie.

Auguste fut le véritable créateur de Fréjus. Il le dota d'un port et d'une flotte. Il lui donna la population, le nom, les privilèges d'une colonie. Strabon appelle Fréjus « le port du divin Auguste ». Tacite nous apprend qu'il y envoya les vaisseaux conquis à la bataille d'Actium, et, avec eux, tout une élite de marins et les vétérans de la huitième légion. En même temps, il reçut un immense territoire, tous ces pays riches ou pittoresques que couvrent les Maures et l'Estérel et que traverse l'Argent. Sans perdre son nom primitif de « marché de Jules », il échangea la modeste condition de *forum* contre celle de cité et de colonie; et, comme il avait pour habitants à la fois des marins et des légionnaires, comme il avait été l'asile des vaisseaux pris dans ce combat d'Actium qui avait rendu la paix à la terre, il eut le droit de porter les trois surnoms glorieux de « colonie de la flotte », de « colonie de la huitième légion », et de « colonie de la paix ». Dès lors, Fréjus devint ce que lui imposait d'être sa double situation sur terre et sur mer, une place militaire et un port de guerre de premier ordre.

Tout, dans la vie de Fréjus antique, rappelait ce double caractère et cette double origine. Nous retrouverons aisément à travers les monuments dispersés de son histoire, les deux influences qui présidèrent à sa naissance, les deux populations qui formèrent le noyau de la nouvelle cité, les fils des vétérans de la huitième légion et les descendants des marins d'Octave.

La vie, à Fréjus, était essentiellement militaire. C'était un continu va-et-vient de soldats. Le port était le rendez-vous obligé des conscrits d'Afrique qu'on envoyait sur les bords du Rhin. Là s'arrêtaient ceux qu'on expédiait d'Italie en Espagne ou en Germanie. Au premier bruit d'une révolte en Occident, les empereurs se hâtaient de surveiller Fréjus. Avant de marcher contre Lépide, Antoine y séjourna; tout en gagnant l'Italie par les Alpes, les Vitelliens y envoient une garnison; dès que Vespasien est proclamé, un de ses partisans met la main sur la place. Il y avait, dans les deux citadelles, tout ce qui était nécessaire au logement et à l'entretien des troupes. Les soldats n'oubliaient pas, en quittant la ville, de remercier ses dieux de l'aimable hospitalité qu'ils avaient reçue. On vient de trouver, dans l'une de ces forteresses, un monument élevé à Hercule par un détachement de soldats envoyés des bords du Rhin, et la petitesse de l'autel, la grossièreté de l'écriture montrent qu'il a été taillé et gravé à la hâte, au milieu des préparatifs d'un départ précipité.

Fréjus avait pour garnison permanente les équipages de la flotte formée par Auguste : c'était une troupe nombreuse et aguerrie, qui faisait vaillamment respecter le nom de Rome dans les parages de la Méditerranée. Pendant un siècle au moins, deux peut-être, l'État veilla à l'entretien de l'escadre et au recrutement des hommes. Ces soins et le stationnement à Fréjus d'une grande flotte, pourront sembler inutiles en ces temps de sécurité profonde et de paix absolue, où rien, nous paraît-il, n'effrayait les pays qui avaient le bonheur de vivre sous la loi romaine, où il ne venait de menaces ni de l'intérieur ni des plus lointaines frontières : du jour où les montagnards des Alpes eurent fait à Auguste une soumission complète et définitive, une escadre permanente avait-elle sa raison d'être dans les mers de Toscane et de Ligurie? Peut-être voyons-nous la situation de l'empire sous des couleurs trop belles et trop éclatantes. Nous sommes bien loin de ce temps, et l'admiration s'attache aux choses lointaines. Nous, qui n'apercevons que les marques extérieures de la paix romaine, l'absence de guerres et de révoltes, l'éclatante renaissance de l'architecture, l'intensité de la vie municipale, la sécheresse, le laconisme obstiné des historiens et des biographes qui semblent nous avertir sans cesse que le bonheur n'a point d'histoire, nous oublions volontiers au prix de quelle âpre énergie, de quelle incessante activité, les empereurs ont pu donner au monde quelques années de repos. Croit-on que, sans leur admirable police, sans une répression brutale des moindres excès, la terre eût pu se tenir un instant si immobile? Les flottes nous paraissent inutiles dans cette mer romaine que ferme une ceinture ininterrompue de villes et de villas? Nous les supposons inactives? Nous n'y voyons qu'un hochet de l'État, brillant et coûteux? Mais il fallait faire sans cesse la garde de cette mer, et si on a pu, quelque temps, vivre sans crainte dans ces villas et dans ces villes, c'est grâce aux flottes qui la sillonnaient de toutes parts. De ce que la police était bien faite, ne concluons pas qu'elle fut aisée. On redouta toujours les pirates sur la Méditerranée, même après la triomphante expédition de Pompée. Au Ier, au IIe siècle, il fallait que les flottes qui transportaient le blé de l'État fussent escortées par des vaisseaux de guerre. Lorsque, à partir de Commode, la vigilance de Rome se relâcha, la Méditerranée fut soudainement infestée de Maures, de Ligures et d'Isauriens, et l'on vit des barbares traverser impunément cette mer romaine, en partant de la mer d'Azow pour s'en aller franchir le détroit de Gibraltar. Les flottes organisées par Auguste ne furent point superflues : car, du jour où on les négligea, la mer appartint aux forbans.

D'ailleurs, c'était à une double fin que servaient les équipages des flottes romaines. Ils faisaient la police du rivage, non pas seulement en surveillant la mer, mais encore en gardant les routes de terre. Ils étaient armés à la fois contre les pirates et contre les brigands, et Dieu sait si le brigandage florissait dans l'empire romain! Malgré les efforts d'Auguste et de Tibère, il ne fut jamais extirpé, même du centre de l'empire, même de l'Italie et de la campagne romaine. Il reprit de plus belle sous le règne de Commode, vers le temps où disparut, semble-t-il, la flotte de Fréjus, au moment où toute discipline s'en va. On vit, alors que gouvernait Septime Sévère, on vit une troupe de brigands occuper militairement, durant des mois et des années, la voie Appienne, la route la plus importante, l'artère centrale de l'Italie; organisée comme une légion, elle en avait l'état-major de sénateurs. Je crois que la principale cause de ce mal fut l'abandon dans lequel on laissa les flottes. Dans l'esprit d'Auguste et de Tibère elles devaient fournir des corps de débarquement prêts à être jetés sur les points du rivage menacés par les ennemis du dedans. Sous Tibère, une révolte d'esclaves éclate à Brindes ; le questeur de la flotte envoie à terre sur-le-champ un détachement de marins qui la réprime presque au moment où elle se déclare. Le choix des stations navales est caractéristique : ce sont des villes dont l'importance stratégique, sur les routes de terre, est considérable. Misène commande directement la voie Campanienne et la voie Domitienne, par où se fait tout le trafic de Pouzzoles, un des premiers ports de commerce de l'Italie romaine. Ravenne devait être un port détestable, mais on y était admirablement placé pour surveiller les deux grandes routes Émilienne et Flaminienne : c'est là, en effet, que la chaussée militaire qui vient de Rome abandonne le rivage de l'Adriatique pour s'engager dans l'intérieur des terres. Telle était exactement la situation de Fréjus sur la route des Gaules.

L'escadre de Fréjus n'était point inutile. Elle assurait les relations par terre entre l'Italie et la vallée du Rhône. Elle sauvegardait la paix publique dans les montagnes et les forêts des Maures et de l'Estérel, région qui fut longtemps en France la terre classique du brigandage. Ce pays qui a produit Gaspard de Besse, et où, il y a trois ou quatre ans, on arrêtait un courrier et on faisait dérailler un train, devait assurément, sous la domination de Rome, donner autant de mal aux marins de Fréjus qu'il en a donné à la maréchaussée de Toulon et de Draguignan. Il est permis de croire qu'ils firent, au moins pendant deux siècles, de l'excellente besogne : car, si on en juge par les inscriptions, les vallées du Gapeau, du Carami et de l'Argent furent alors étonnamment riches et peuplées. L'action bienfaisante de Rome s'étendit largement et librement autour de Fréjus.

La flotte avait sans doute aussi pour mission d'empêcher la contrebande, si aisée et si désastreuse aujourd'hui encore, sur ce rivage découpé, dans ces golfes étroits, profonds, anguleux, qui rappellent les fiords de Norvège, dans ces calanques invisibles de loin ou qui ressemblent à des grottes. On sait que toute la Gaule formait une circonscription douanière dans l'empire romain, et que les marchandises n'y entraient pas sans payer un droit de deux et demi pour cent sur leur valeur. Toutes les provinces entre les Alpes et l'Océan faisaient partie de cette union, dont on a retrouvé çà et là les frontières et les bureaux. Je ne suppose pas que les marchandises qui venaient par mer entraient en franchise. Or, du Rhône jusqu'au Var, la douane gauloise n'avait d'autre part que Fréjus, puisque Marseille était, sans doute, en dehors de l'union. Il est permis de croire que la flotte était chargée, pour le compte du gouvernement gaulois, de surveiller ces pays, ce qui n'était assurément pas la moindre de ses tâches.

Un détail, en soi insignifiant, fait bien ressortir le rôle essentiellement administratif des escadres de l'empire romain. Au commencement du règne de Tibère, presque coup sur coup, deux puissants princes de Germanie furent faits prisonniers : tous deux furent détenus dans des places fortes maritimes, l'un à Ravenne et l'autre à Fréjus. On ne saurait donc mieux comparer les armées navales de Rome qu'à des corps de gendarmerie d'élite.

Ainsi, tout contribuait à faire des habitants de Fréjus une véritable pépinière de guerriers : l'origine et les traditions de leur cité, le sang qu'ils avaient reçu de ses fondateurs, et l'entraînant spectacle qu'offrait un passage incessant de troupes. Les habitudes et les goûts, sinon les mœurs, devaient y être éminemment militaires : c'était là que Rome recrutait sans doute les meilleurs de ses soldats. Nous pourrions affirmer cela, même sans témoignage : les inscriptions viennent le confirmer. Des épitaphes complètes qu'a livrées le sol de Fréjus, un quart se rapporte à des soldats ou à des matelots ; si on en juge par les monuments funéraires qui nous ont été conservés, il n'y a que deux ou trois villes, dans la Gaule tout entière, qui aient fourni un aussi fort contingent aux armées romaines ; le nom de Fréjus apparaît plus souvent, sur les inscriptions militaires des bords du Rhin, que celui des deux plus grandes et plus anciennes colonies de la Gaule, Arles et Narbonne. On trouve des Fréjusiens dans le prétoire ; on en rencontre surtout dans cette quatrième légion macédonique qui fut, sur les frontières de Germanie, le plus ferme champion du nom romain.

Il ne faut pas croire toutefois, malgré ces goûts et ce tempérament, que la ville de Fréjus offrît les ennuis et les brutalités d'un camp ou d'une forteresse. La discipline était rigoureuse dans les armées de mer : en toute chose, les marins étaient regardés, surveillés, traités comme des esclaves. Les officiers, qui avaient moins de charges et d'obligations, savaient se faire des loisirs calmes et intelligents. Rappelons-nous que Pline l'Ancien était préfet de la flotte de Misène et qu'il profita de la liberté que lui laissait son service pour aller observer l'éruption du Vésuve : il eût mieux valu, pour nous et pour lui, que les règlements du bord l'eussent retenu sur le vaisseau-amiral. Fréjus n'a pas donné au monde que des soldats : le bruit des armes et le contact des esclaves de la flotte n'avaient pas exclu de la ville toute science, toute vertu et toute poésie, s'il est vrai qu'elle a donné naissance à Cornélius Gallus, le poète qu'aima Virgile, à Agricola, ce modèle de sagesse et d'intégrité, à Valérius Paullinus, l'ami cher à Pline le Jeune. Tous trois ont été sans doute de vaillants soldats, de brillants généraux, mais ils ont eu d'autres mérites, et leur vie est pour nous une garantie qu'on n'adorait pas dans les temples de Fréjus la Minerve des seules batailles.

Aussi bien cette colonie militaire n'effrayait-elle pas ceux des Romains qui venaient chercher sur les rivages de la Provence un climat plus tempéré, un air plus subtil, de plus doux paysages que sur les côtes dévastées de leur Italie. C'était souvent à Fréjus que les malades du Latium ou de la Transpadane tentaient de se guérir, comme ils se rendent aujourd'hui à Nervi ou à Bordighera; les riches convalescents se donnaient rendez-vous dans les somptueuses villas des bords de la Méditerranée : ce pays n'a-t-il pas toujours été la demeure des fées bienfaisantes?

Chose étrange! jusqu'au milieu de ce siècle, Fréjus a été tristement renommé pour les miasmes pestilentiels de ses marécages. Un écrivain a même voulu faire remonter jusqu'aux temps antiques cette insalubrité de la pauvre ville : « Il est intéressant de constater qu'à l'époque romaine les conditions climatériques de la basse plaine de l'Argent étaient assez mauvaises, et il n'est peut-être pas téméraire de conclure que les étangs qui longeaient la ville du côté de la mer engendraient alors, comme au moyen-âge et de nos jours, des fièvres pernicieuses. » Ces dures paroles furent écrites par M. Lenthéric dans la *Revue des Deux-Mondes*. La municipalité de Fréjus envoya, je crois, une protestation officielle au directeur, qui n'en pouvait mais. Or, le seul argument sur lequel s'appuyait M. Lenthéric était une inscription. La belle chose vraiment que l'épigraphie! les belles preuves qu'on y trouve pour les causes les plus inattendues! Il est piquant en particulier de la voir appliquée à l'hygiène moderne. Un savant archéologue a remarqué le nombre étonnant de centenaires que nous font connaître les inscriptions de la province de Constantine : il en a conclu que le pays, au temps de la domination romaine, était infiniment plus salubre que de nos jours. C'est une conclusion tout opposée que M. Lenthéric a voulu tirer au sujet de Fréjus, mais à l'aide d'une seule incription. De plus, le texte lui donne aussi peu raison que possible. C'est l'épitaphe d'un jeune Fréjusien mort à l'âge de sept ans : « Ce tombeau », disent les vers grec qui suivent la dédicace du monument, « ce tombeau attendait de plus âgés : mais c'est un enfant de sept ans que le destin a sacrifié à l'influence clima-térique », κλίματι, dit le texte. Ce mot, **M.** Lenthéric l'a traduit par « climat », et, de là, est parti en guerre contre la cité mau-dite, dont l'air insalubre a, comme dit la fin de l'épitaphe, « ravi à ses parents et à ses proches le jeune enfant qu'ils avaient élevé. O instabilité des espérances humaines! » Il ne faut pas se laisser convaincre par ces déductions ingénieuses ni émouvoir par ces phrases touchantes : la vérité, comme on l'a déjà dit à **M.** Lenthéric, est que le mot κλίμα signifie ici, non pas l'influence du climat, mais, ce qui est tout autre chose, l'influence climaté-rique, l'action néfaste de la septième année. D'après les idées des anciens (et beaucoup les conservent encore aujourd'hui, même en France), sept était le nombre fatal et diabolique par excellence; dans les maladies, affirme Galien, c'est le septième jour qui décide de la vie du patient; l'excellent Censorinus nous apprend que tous les sept ans, à partir du jour de sa naissance, l'homme se trouvait exposé aux plus grands périls : à la fin de chacune de ces périodes, revenait l'année critique et climaté-rique, « la pente funeste », τὸ κλίμα. Et la plus terrible de toutes ces époques était la première : il fallait vraiment un concours d'heureuses circonstances 'pour qu'un enfant sortit de la sep-tième année. Notre pauvre Fréjusien n'eut pas ce bonheur : arrivé à l'âge de sept ans, il succomba à l'influence néfaste. Fréjus, ses marais et ses miasmes, n'ont été pour rien dans sa mort : et les parents de l'enfant, malgré l'injustice propre aux affligés, n'accusèrent pas leur patrie, et ne s'en prirent qu'au destin, à la fragilité de la vie, et au chiffre sept.

La principale cause, d'ailleurs, de l'insalubrité du Fréjus mo-derne était l'ancien port, à demi comblé, à demi bourbeux : or, cette cause n'existait pas au temps des Romains. Le port était soigneusement entretenu, dragué, ménagé pour une flotte de trois cents vaisseaux. Les maremmes et les lagunes des bords de l'Argent peuvent être aussi une cause d'insalubrité, au reste très relative : mais au commencement de notre ère, elles étaient peuplées, vivantes, cultivées. Le mauvais air (il s'en est allé de nouveau aujourd'hui) a été un instant ramené par le dépérisse-ment de l'agriculture. Le sort de Fréjus a été celui des plus antiques cités maritimes, dont une ruine complète et subite a bouleversé les conditions d'existence : là où s'élevaient Sybaris, Crotone, Pestum, cités riches et prospères entre toutes, on ne voit aujourd'hui que solitudes, marécages ou plaines insalubres ; les marais Pontins, tristement célèbres, étaient, avant l'arrivée des Romains, un des pays les plus gais et les plus luxuriants de toute l'Italie. Le désert malsain que la conquête romaine a fait autour des cités du Latium et de la Grande-Grèce, les Goths et les Sarrasins l'ont fait autour de Fréjus.

Et, du reste, tous les raisonnements du monde ne valent rien contre le précieux témoignage que nous donne Pline le Jeune en faveur de l'air et du climat de Fréjus. On sait avec quelle délicatesse de soins et d'affection Pline veillait à la santé de ses esclaves et de ses affranchis : il savait les traiter comme des amis, être pour eux, ainsi qu'il aimait à le dire, un vrai père de famille. Son affranchi Zosime était poitrinaire : pour le guérir, il l'envoya d'abord en Égypte. La guérison était demeurée incomplète. Pline l'adressa alors à son ami Valérius Paullinus, qui possédait à Fréjus de grandes et belles propriétés : « J'ai résolu », écrit-il, « de l'envoyer dans les terres qui t'appartiennent à Fréjus. Je t'ai souvent entendu vanter la salubrité de l'air qu'on y respire, l'excellence du lait qu'on y boit pour ces sortes de traitement. Je t'en prie, écris à tes gens de lui ouvrir toute grande ta villa, ta maison, leur bourse même, s'il en a besoin. »

L'affranchi qu'aimait Pline et qui a mérité de lui une aussi touchante attention n'a point dû regretter le séjour que son maître avait choisi pour lui. Il ne s'est point senti dépaysé, j'imagine, dans cette contrée bénie, dans cette Gaule méditerranéenne qui, depuis un siècle, grâce à la protection et à l'influence des Romains de Fréjus, avait cessé d'être un pays de barbares. Tout, dans cette ville et sur ce rivage, a dû lui rappeler l'Italie : ces gaies et opulentes villas éparses sur les collines qui bordent la plus belle des mers ; une population de Latins, de la vraie et bonne souche ; ces goûts militaires chers aux Romains ; une vie sérieuse, où une large place était faite pourtant à ces jeux élevés ou virils de la scène et de l'amphithéâtre qui passionnaient les affranchis des grandes familles. Tout ce qu'on aimait à Rome, Fréjus l'avait. C'était une petite Rome transplantée sur les bords de la Méditerranée gauloise. Les anciens n'appelaient-ils pas une colonie, la reproduction en petit, la réduction de la métropole ? Il n'y avait pas de colonie en Gaule à qui ces expressions convinssent mieux qu'à Fréjus : au delà des Alpes, Rome n'avait pas d'image plus fidèle, de plus pur reflet.

III

Cette splendeur toute romaine de l'antique Fréjus nous est attestée par ses restes. Aucune cité de la Gaule, pas même Nîmes, ne possède un tel amoncellement de ruines. Nîmes, sans doute, se glorifie de monuments intacts et splendides, tels que Fréjus ne saurait en offrir au voyageur : mais ils sont isolés, séparés les uns des autres, perdus dans un monde de constructions modernes. A Fréjus, c'est la ville ancienne tout entière que l'on retrouve, avec ses remparts, son aqueduc, ses citadelles, son port, avec son squelette, en un mot, admirablement conservé : la cité d'aujourd'hui vit dans un recoin des décombres, comme un parasite de ruines. A Nîmes, une seconde ville est venue se superposer à la première, et n'a laissé subsister que les plus beaux édifices : enfermés de tous côtés par les maisons nouvelles, ils ressemblent à des vieillards qui s'obstinent à conserver au milieu des jeunes générations la vigueur et la solidité de l'âge mûr ; dans leur cadre de vie et de mouvement, ils ont encore le rayonnement de la jeunesse : le Fréjus romain, faisant exception parmi nos vieilles cités, a la tristesse et l'abandon des villes ensevelies. De loin, quand on aperçoit le talus que forment ses remparts écroulés, les arcades dénudées qui s'élèvent au-dessus des champs de graminées, on croit approcher de Pompéï ; et le voisinage de la mer, l'horizon fermé par les montagnes, les oliviers et les mûriers du pays environnant, l'azur du golfe de Saint-Raphaël, complètent l'illusion en rappelant les champs du Sarno, les sommets du Vésuve ou du mont Saint-Ange, la mer bleue de Sorrente : c'est le même ciel, le même soleil, le même contraste entre la désolation des ruines et l'éclat d'une nature éblouissante.

Mais, malgré la profusion de débris qu'il rencontre à Fréjus, le simple touriste n'a pas, en le visitant, le plaisir intense que lui donne la vue de Nîmes, d'Arles ou d'Orange. Pour s'y plaire, il faut être un peu archéologue : il faut au moins aimer l'antiquité. Les villes des bords du Rhône sont comprises même des profanes : elles ne renferment qu'un nombre limité de ruines, mais chacune de ces ruines forme un ensemble complet, et réveille au premier coup d'œil la nature, la grandeur, la beauté de l'édifice auquel elle appartient : elle parle et s'explique d'elle-même.

A Fréjus, le visiteur doit faire d'abord un sérieux appel à ses connaissances en archéologie, s'il le peut ; puis, il doit laisser travailler longuement son imagination, ce qui est plus facile : ce n'est qu'ainsi qu'il parviendra, parfois, à retrouver le monument disparu à l'aide des vestiges conservés. Souvent, malgré tout, il devra renoncer à comprendre ces restes : aucun indice ne lui en apprendra l'origine. Mais qu'il se console : ce qui l'embarrassera a fait, depuis trois siècles, naître d'interminables discussions, et, si l'entente arrive un jour à s'établir entre les érudits, c'est qu'on aura renoncé et non pas réussi à trouver la solution.

Heureusement nous avons, pour nous conduire à travers ces dédales, trois bons guides : le mémoire de Texier sur la ville et le port de Fréjus, mémoire plein de science et de travail, mais un peu confus, un peu monotone, un peu lourd à tous égards pour un promeneur ; la description de Victor Petit, plus commode à emporter comme à lire, accompagnée de jolis dessins qui, plus tard, rappelleront les lieux visités ; enfin, l'histoire de M. Aubenas, qui est aujourd'hui le premier administrateur de la ville dont il a été le meilleur historien : c'est bien un gros livre, il oblige à cheminer lentement, car il n'omet rien et s'arrête devant tout longuement ; mais, à la rigueur, il peut suffire, car, à côté de ses descriptions et de ses résultats, M. Aubenas a loyalement reproduit les conclusions et les hypothèses de ses devanciers ; puis, c'est un livre si clair, si honnête, si aimable, qu'on a bientôt fait de cet excellent guide un véritable ami.

Les jurisconsultes romains, qui avaient la bonne habitude de tout classer et de tout définir, répartissaient en deux groupes les monuments publics d'une cité. Les uns servaient à sa défense, étaient indispensables à son salut, moral et matériel : c'étaient les temples, les murailles et les forteresses, les ports et les aqueducs ; ceux-là avaient tous un caractère religieux, et se trouvaient placés sous la protection souveraine de l'État. Les autres étaient destinés à l'ornement de la ville ou à l'amusement des citoyens, comme les thermes, les portiques, les cirques ou les théâtres. Nous accepterons cette division classique pour nous retrouver dans les ruines de Fréjus, et nous étudierons tour à tour les édifices de luxe et ceux d'utilité publique ; mais on nous permettra çà et là de nous écarter des idées romaines et de nous placer à un point de vue tout moderne.

Du théâtre, situé dans le quartier nord-est de la ville ancienne, à droite du chemin actuel qui mène au tramway de Boson, on ne peut avoir par malheur qu'une petite et triste idée : car il n'est possible d'apercevoir au-dessus du sol que les voûtes qui supportaient les gradins[1]. L'amphithéâtre (ou, comme on dit dans le Midi, les arènes), qui occupait l'angle nord-ouest de l'enceinte, est infiniment mieux conservé : c'est même d'ordinaire la ruine qui intéresse ou frappe le plus les visiteurs ; elle a mérité d'avoir son gardien, à la fois *custode* et *cicerone*, qui montre fièrement sur son képi galonné le titre de sa récente dignité. Mais quelle différence entre l'amphithéâtre de Fréjus et ceux d'Arles ou de Nîmes! Toute la muraille qui formait l'enveloppe extérieure, et, avec elle, le dernier rang de gradins et le portique qui couronnait l'édifice, tout cela a disparu : par suite, dépouillé et décapité, privé et de son faîte et de sa façade, l'amphithéâtre a perdu la majesté, l'ampleur, l'aspect grandiose que conservent toujours ses célèbres rivaux de la vallée du Rhône. Une chose vient encore diminuer la hauteur de l'édifice, déjà si restreinte : l'arène a été comblée, et on ne retrouve le sol primitif qu'à un demi-mètre ènviron du sol actuel. Ce qui reste aujourd'hui du colosse est pourtant considérable : on voit encore les belles murailles entre lesquelles s'élevaient les escaliers qui conduisaient aux gradins; on voit la première et la seconde ligne de ces derniers, et les trois galeries qui les soutenaient. La mieux conservée de ces galeries est, par bonheur, la plus importante, celle qui était de niveau au rez-de-chaussée et qui servait de promenoir : on peut encore y circuler, étudier la construction des voûtes, apercevoir les briques énormes qui en formaient les impostes, et même lire sur ces briques le nom de l'industriel qui les livra à l'administration romaine : il s'appelait *Castor*. Ce même Castor a, paraît-il, fourni le plus grand nombre des briques qui ont été employées dans la construction de Fréjus : ce fut une magnifique commande, et qui dut faire sa fortune. Il est vrai que ces briques sont superbes, longues de 45, larges de 30 centimètres, bien teintées, d'un rouge brun, sans défaut, dures comme la pierre : si Castor s'enrichit, ce ne fut pas pour avoir trompé sa clientèle[2].

Si les arènes de Fréjus le cèdent, un peu en dimensions et beaucoup en beauté, à celles d'Arles et de Nîmes, c'est en re-

1) Dimensions du théâtre : grand axe : 72 mètres (d'après Petit); 71 mètres (d'après Texier); petit axe : 30 mètres (d'après Petit); 28 mètres (d'après Texier).

2) Dimensions de l'amphithéâtre, d'après Texier : grand axe du monument: 113; petit axe : 85 mètres; grand axe de l'arène : 67^m,71 ; petit axe : 31^m,60.

vanche une ruine unique en son genre, que cette séduisante
Porte Dorée, qui se dresse au Midi, à l'autre extrémité de la ville.
Cette haute et svelte arcade, soutenue par de légers piliers,
couronnée par une imposante maçonnerie où les blocs de grès
rouge alternent avec les rangées de briques, a un air vraiment
superbe, lorsque elle se détache sur le bleu du ciel qu'elle en-
cadre elle-même sous sa voûte. Quand elle est frappée des
rayons du soleil couchant, elle mérite bien ce nom imagé que
lui a conservé la tradition. Quel dommage qu'elle soit si mal
placée et plus mal soignée encore, à demi enclavée dans les vi-
laines constructions d'une ferme, profanée par le voisinage des
décombres et des immondices! On aimerait à la voir s'élever,
seule, droite et nue, au milieu d'un massif de verdure : il faudrait
en disposer les abords et en ménager la vue, chercher à lui faire
produire tout son effet, en embellir aussi les environs et rétablir
autour d'elle quelque chose de ce passé brillant et gai auquel
elle a survécu. C'est qu'en effet ce n'était point, malgré son
nom d'aujourd'hui, une porte de la ville, mais l'arceau ou l'extrémité d'un portique qui s'étendait entre les quais et le rempart. Tout paraît indiquer qu'elle est le dernier reste du plus
magnifique monument qui décorât Fréjus : les substructions qui
l'environnent, les débris qu'on y a trouvées, — dalles de marbre,
fragments de colonnes ioniques, et cette belle tête de Jupiter qui
est le principal ornement du Musée de la ville, — et jusqu'à ce
nom éclatant de Porte Dorée, qui semble l'écho d'une légende
orientale ou d'un conte mystique du moyen âge. On a beaucoup
disserté sur l'origine de ce nom ; mais nous n'hésitons pas à
accepter l'opinion du vieil historien de Fréjus, l'abbé Girardin :
« Elle a eu ce riche nom », dit-il, « à cause des grands clous de
fer à têtes dorées qu'on y avait placés dans la maçonnerie. »
C'est cet aspect somptueux, que la perte de ses ornements ne
lui a point trop enlevé, qui lui a attaché ce nom de Porte d'Or,
comme celui de Porte Noire a été donné aux ruines sombres et
grises de Trèves et de Besançon.

Les restes des thermes, convertis en fermes depuis plusieurs
siècles, et qui se trouvent à un demi-kilomètre au sud-ouest
de la ville, sont plus nets, plus importants que ceux de l'édifice
auquel appartient la Porte Dorée; mais ils n'offrent, à beaucoup
près, rien qui plaise et qui attache comme cette ruine charmante.
On dit, il est vrai, que les bains de Fréjus sont, avec ceux de
Paris, le spécimen le moins incomplet que la Gaule possède de

ce genre d'édifices : pourtant, ce n'est que depuis peu que le nom de thermes a été accepté et dûment consacré pour l'antique ferme de Fréjus ; aujourd'hui même, il serait malaisé de se reconnaître dans cet enchevêtrement de constructions modernes et d'anciennes murailles, sans une grande attention et un bon plan, comme ceux de Petit ou de M. Aubenas. Encore, malgré les secours de la volonté personnelle et de la science d'autrui, nous aurons peine à nous rendre compte de la situation et du rôle des différentes salles. Ce qu'on distingue le mieux, ce sont les deux chambres destinées aux bains froids et aux bains de vapeur, ou, comme disaient les anciens, le *frigidarium* et le *sudatorium*. La première, qui a été transformée en remise, est très grande : c'est un carré allongé, dont le milieu est occupé par une vaste piscine, ne mesurant pas moins de cent mètres carrés, mais recouverte, par malheur, de remblais. L'autre, heureusement isolée des bâtiments de la ferme, est une élégante construction circulaire, avec trois grandes et douze petites niches latérales, avec un bassin central dans lequel on descend par trois degrés. Une habile décoration, faite à l'aide de plaques de marbre varié, devait donner à cette petite rotonde la plus gracieuse apparence. On l'a qualifiée de toutes sortes de noms, avant de s'arrêter à celui qui semble lui mieux convenir : on en a fait tour à tour une chapelle, un panthéon, ou encore, comme dit Montfaucon, « le bain des gens de qualité, qui se mettoient chacun dans sa niche ». Elle communiquait par un corridor assez court avec la grande salle, ce qui me ferait légèrement douter que cette dernière fût, comme on le dit, réservée aux bains froids : car c'étaient d'ordinaire les chambres chauffées, *tepidarium* ou *caldarium*, qui se trouvaient contiguës à la salle de vapeur.

Jusqu'ici il n'a été question que des édifices destinés à l'amusement du peuple fréjusien : théâtre, arènes, portique ou bains, ce sont là des monuments de plaisirs et de luxe, n'en déplaise aux magistrats romains, qui regardaient les thermes comme aussi indispensables à la vie d'une cité que les temples et les murailles. Que reste-t-il des constructions plus utiles à la vie politique de la colonie, des basiliques où l'on rendait la justice, du forum où l'on votait, des temples où l'on priait les dieux de la patrie ? Le hasard veut que ces édifices aient le plus subi les injures du temps et des hommes, ce qui s'explique peut-être parce qu'ils étaient pour la plupart situés au centre de

la vil'e, dans la partie qui a été constamment habitée depuis
le moyen âge. On croit reconnaître les débris d'un temple dans
des murailles percées d'arcades que l'on peut voir, quand on
le veut bien, enclavées dans des bâtiments modernes, au quartier méridional de Fréjus. C'est sans doute aussi le sanctuaire,
la *cella* d'un temple antique que cette grande ruine qui s'élève
dans la plaine, non loin des Thermes. On l'appelle la Tourrache
parce que, vu à quelque distance, son massif isolé ressemble
à celui d'une tour. C'est ainsi qu'à Périgueux le sanctuaire
du temple de Tutelle porte le nom de Tour de Vésone. Des
basiliques de Fréjus, aucune trace. On place le forum au-devant
du théâtre antique, des deux côtés de la grande route d'Italie :
mais rien n'est moins certain.

Mais, par la plus heureuse des compensations, le temps a
respecté les monuments qui étaient pour Fréjus la condition
même de l'existence : ses remparts et son aqueduc, ses citadelles
et son port. L'enceinte et l'aqueduc, en particulier, dont il est bon
de ne séparer ni l'étude ni la visite, ont merveilleusement survécu, et il se trouve, par un dernier bonheur, que leurs ruines
sont les plus intéressantes à la fois pour l'archéologue et pour
le touriste, les plus faciles à comprendre comme les plus pittoresques. Il n'est pas de promenade plus charmante et plus ins-
tructive que le tour des remparts du nord-est, depuis le chemin
de l'Agachon jusqu'à la porte Romaine : promenade qu'on peut
agréablement compléter, en la prolongeant à l'est de la ville, le
long des arcades qui bordent la grande route.

Sur toute cette partie, le mur d'enceinte, dont la hauteur
normale devait être de neuf mètres, l'épaisseur de deux et demi,
est par places entièrement conservé. Tantôt le rempart, dépouillé
de son parement, laisse apercevoir la maçonnerie intérieure,
qui est une sorte de béton dont on n'a plus le secret, amalgame
de mortier, de débris de pierres et de cailloux roulés, que les
industriels romains savaient rendre plus dur et plus compact
que la roche. Tantôt, au contraire, la muraille a gardé son revê-
tement fait de moellons de grès qu'on a régulièrement disposés
en assises parallèles : la différence de teinte de ces petits blocs,
dont les uns sont verts, les autres rouges, d'autres bruns,
donnent aux portions du rempart les mieux conservées un
aspect riant et varié, qu'elles n'avaient assurément pas autrefois. Il semble probable, en effet, que ces moellons n'étaient pas
apparents, mais revêtus d'une couche de stuc qui faisait ressem-

bler la muraille aux façades grises, tristes et monotones de nos maisons modernes. Tout cela n'est beau qu'en ruines. Souvent, le mur disparaît sous une végétation parasite. En un endroit (ce côté de Fréjus est plein de surprises), les assises inférieures du rempart se sont détachées sous la poussée vigoureuse et tenace d'un lierre deux fois séculaire : les racines de la plante, épaisses et fortes comme celles d'un chêne, se sont substituées aux blocs enlevés, et aujourd'hui la muraille semble portée par le tronc du lierre qui, après s'être recourbé pour la soutenir, va l'envelopper d'un ample manteau de feuillage. A côté d'un arceau, dont la masse brune domine la verdure des mûriers, un pilier est recouvert, sur toute sa hauteur, d'un lierre touffu qui élève encore ses derniers rameaux au-dessus de la ruine et lui donne l'air d'un thyrse colossal.

La vue du rempart ne doit pas nous faire oublier le paysage qu'offrent les campagnes environnantes. Détournons-nous un instant de la ville morte, pour contempler le panorama des montagnes, dont les sommets et les groupes présentent autant de coups d'œil variés que les piliers et les tours de la muraille. A gauche, les monts des Maures, sombres et gris, ferment l'horizon : au-devant d'eux, le sommet aux trois pointes de la Roque-Brune s'avance dans la plaine comme une avant-garde. A droite, se dresse le massif rougeâtre de l'Estérel, dominé par la crête effilée du mont Vinaigre. Au fond, s'entassent les Alpes de Provence, dont les derniers étages vont se perdre dans le lointain.

Ce qui augmente encore l'intérêt de cette partie de l'enceinte, c'est qu'elle vient ici se souder à l'aqueduc, et qu'un habile procédé dont se sont émerveillés nos architectes, a combiné l'une avec l'autre les deux constructions. Le canal de l'aqueduc est supporté par le mur du rempart : il occupe, sur le sommet, la place réservée au chemin de ronde : mais ce chemin n'est point sacrifié ; des planches ou des dalles, disposées au-dessus du canal, devaient en tenir lieu. De distance en distance, la muraille était interrompue par de hautes tours circulaires : il fallait permettre au conduit de l'eau de les traverser sans avoir à en faire le circuit. Pour cela, on construisit une arcade suivant le diamètre de chaque tour, aux deux tiers de sa hauteur, c'est-à-dire au niveau normal du rempart et de l'aqueduc : les deux extrémités de l'arceau s'appuyaient sur le mur de la tour qui le protégeait et le masquait. Aujourd'hui, à côté de l'enceinte murée, nous apercevons des piliers, des arcades, dont la présence nous étonne au premier abord; mais si nous regardons au sommet de la ruine, nous apercevons les parois massives de la cuvette de l'aqueduc : ces arcades sont celles qui traversaient les tours, et que l'écroulement de ces dernières a fait apparaître au grand jour. Par cette heureuse combinaison, l'eau était conduite jusqu'auprès de l'amphithéâtre, sur la colline la mieux disposée pour l'établissement de réservoirs; en même temps, grâce aux arceaux, elle traversait les tours sans gêner la défense, et elle était elle-même protégée contre les tentatives de l'ennemi. On a bien eu tort de voir dans cette union de l'aqueduc et du rempart, l'indice que ce dernier était devenu inutile : il me semble, au contraire, qu'elle a été faite en vue de sauvegarder à la fois les intérêts militaires et les besoins matériels de Fréjus.

L'aqueduc s'amorce au rempart près de la porte qui a été dénommée la Porte Romaine, et dont il reste le pilier de droite, puissante construction en pierres de taille. De ce point, on peut le suivre le long de la route nationale, que bordent, sur une espace de sept cent dix mètres, les ruines de ces fières arcades : rien en France ne rappelle mieux, que cette longue suite de piliers et de voûtes, la file interminable des aqueducs de la plaine romaine. Au delà encore, on peut remonter le canal jusqu'à sa source, si du moins on a de la bonne volonté et de bonnes jambes, car il y a quarante kilomètres d'un chemin accessible aux seuls piétons. Mais on sera amplement récompensé de son zèle et dédommagé de sa peine : si les sentiers ne sont pas toujours fort praticables, le pays est toujours fort pittoresque. Nulle part on ne perd de vue l'aqueduc, tantôt souterrain, tantôt porté par des arcs, tantôt à fleur de sol. Parfois on n'a pour points de repère que les fragments de la cuvette en béton, qui font saillie et surplombent sur le versant d'une colline, comme une gigantesque gargouille. A certains endroits, on se trouve en présence d'une double rangée d'arcades, comme si, au lieu de réparer l'aqueduc, les ingénieurs romains avaient préféré en construire un autre à côté, qui se trouvât prêt à servir au moment où l'ancien eût cessé de fonctionner. La prise d'eau est dans l'Estérel, au pied du village de Mons : on voit encore le barrage qui détournait dans l'aqueduc les eaux de la rivière destinée à alimenter Fréjus, la Siagnole. Tout cela forme la plus longue et la mieux conservée de toutes les constructions analogues qu'il nous est donné d'admirer sur le sol de la Gaule[1].

Au midi et à l'ouest, le rempart, mal conservé, difficile à suivre, offre un médiocre intérêt. Mais il ne faut point négliger d'aller voir, près de la station, la partie tout à fait curieuse qui a reçu le nom de Porte des Gaules : la muraille se replie à cet endroit pour former une demi-circonférence, flanquée de tours à ses extrémités, et percée au centre de deux ouvertures. D'après la tradition, qui doit être assez récente, c'est par là que sortait de Fréjus la grande voie Aurélienne : comme elle menait de Rome en Gaule, les deux portes qu'elle traversait portaient les deux noms de Porte Romaine et de Porte des Gaules. Nous avons mentionné la première qui, par son caractère monumental, nous paraît justifier son nom. Nous doutons que la seconde ait été celle que nous avons maintenant sous les yeux : il semble que ce ne soit qu'une double poterne, réservée aux piétons. On ne peut d'ailleurs y arriver que par des escaliers, descendant de la hauteur sur laquelle est bâtie cette partie de la ville : ce n'est point l'issue grandiose qui convient à la plus grande voie des Gaules. Que les Fréjusiens ne nous reprochent pas de détruire la légende de la Porte des Gaules : nous ne faisons qu'accepter, après examen, l'avis de M. Aubenas.

Aux deux angles méridionaux du rempart, à l'est comme au couchant, se trouvaient les deux forteresses. Elles né se ressemblent guère, aujourd'hui du moins; elles ont pu être construites sur le même plan : mais le temps, qui est un vieillard capricieux, ne les a point traitées de la même manière, et a laissé, de l'une et de l'autre de ses victimes, des ruines très différentes.

Les restes de la forteresse orientale, élevée sur la colline qu'on appelle la Plateforme, font songer moins à une citadelle qu'à un arsenal. Les tours ont complètement disparu, la muraille a été rasée ou renversée, et ce qu'elle présente de plus remarquable, ce sont trois énormes contreforts qui la soutiennent. En revanche, on reconnaît fort bien les magasins de la flotte, ménagés comme des casemates sous le sol même de la colline. Les uns étaient destinés aux vivres, les autres aux objets d'équi-

1) Dimensions de la cuvette, suivant Petit : largeur inférieure : $0^m,75$; largeur supérieure : $0^m,75$; hauteur : $1^m,12$.

pement. On voit ces derniers du pied de la Plate-forme : ce sont des salles voûtées, au nombre de sept, beaucoup plus profondes que larges, qui s'enfoncent dans le remblai de la citadelle, et dont l'ouverture apparaît au bas de la colline, dans un cadre mouvant de lierres, de ronces et de ruines. C'est, au contraire, au milieu de la forteresse, que se trouvaient les magasins des vivres, et cela se comprend. On n'a pu en retrouver qu'un seul jusqu'ici, mais fort grand et parfaitement conservé : c'est une salle également souterraine, où il est malaisé de pénétrer et qu'on ne voit bien qu'à l'aide de flambeaux. Mais elle vaut la peine qu'on se donne pour y arriver : ses galeries, ses rangées d'arcade, les parois mêmes de ses voûtes et de ses piliers n'ont subi aucune dégradation ; c'est assurément la construction la plus intacte que nous puissions voir à Fréjus. Elle offre, de plus, une bizarrerie qu'on ne remarque ici dans aucun autre monument : on trouve, dans l'enduit qui revêt les murailles, entre la chaux et la brique pilée usitées d'ordinaire, une notable quantité de poudre de charbon; or, s'il faut en croire Vitruve, les maçons romains employaient la poudre de charbon comme un préservatif contre l'humidité. Voilà qui nous révèle la destination de cette belle salle, qu'on s'obstine à appeler une citerne : on y renfermait des matières sèches, des grains ou des légumes; c'était le grenier à blé de Fréjus.

De la citadelle du sud-ouest, aujourd'hui la butte de Saint-Antoine, ce qui ressort le mieux, à la différence de l'autre, c'est la manière dont elle était construite et fortifiée, ce sont les ouvrages militaires. A n'en juger que par les ruines, qui, il est vrai, peuvent être trompeuses, c'était là le point fort de la défense de Fréjus. Le rempart présente une forme toute particulière : au lieu d'un simple mur, nous trouvons une double muraille, dont l'intervalle est occupé par des contreforts, le plus souvent circulaires et semblables à des niches; la partie de cet intervalle que les contreforts laissaient libre était comblée à l'aide de sable et de terre. L'ensemble du rempart devait ainsi former une masse des plus résistantes, à l'abri de la poussée des terrains intérieurs et du choc des machines ennemies. Le temps seul en a eu raison : encore n'a-t-il abattu que la première muraille, dont la disparition a découvert au regard les niches qui sont formées par les contreforts. Des tours d'angle complètent la défense de la citadelle, qui est un des meilleurs spécimens de l'art militaire des Romains.

Au sud des mamelons sur lesquels fut bâti Fréjus, s'ouvrait le port romain, et c'est par lui que nous terminerons cette liste de monuments, dont la visite demanderait beaucoup plus de temps, sans doute, mais donnerait infiniment moins d'ennui, j'en suis sûr, que la lecture de cette fastidieuse description. C'est au-devant de la Porte Dorée, entre les deux citadelles, qu'il faut chercher ce qui fut le premier port militaire de la Gaule romaine : mais pour le retrouver, il faut être aidé ou prévenu. Comblé depuis un demi-siècle, son emplacement est aujourd'hui celui de beaux domaines, et, par un bizarre changement de destinées, les lieux où stationnaient les vaisseaux des maîtres du monde sont voués à jamais à l'élève des pourceaux et à la récolte des citrouilles.

Les vestiges de l'ancien quai sont là pour nous guider. Sauf au levant, il est aisé de les reconnaître et de les suivre. Une des promenades agréables qu'offre la vieille cité est celle du môle qui fermait le port au couchant, depuis cette grande tour délabrée qui unit la jetée à la citadelle, jusqu'à l'énorme colonne en porphyre, qui, renversée au milieu des herbes sur le bord du chemin, semble placée à l'endroit même où s'arrêtent les ruines, pour inviter le promeneur à s'asseoir et à se reposer. La tour, croit-on, servait de phare ; elle est du reste beaucoup plus élevée que celles de l'enceinte : elle dominait le port et la rade, et on pouvait apercevoir ses feux de la haute mer. La colonne a servi de borne pour amarrer les navires : on voit la cavité destinée au scellement de l'anneau, la rainure produite par le frottement continu des chaînes. Le chemin qu'on suit est la chaussée même du môle ; le mur qu'on longe à droite abritait le port contre les vents de l'ouest, les plus redoutés en Provence : le mistral, qui vient du nord et de la terre, le labech, qui vient du sud et de la mer. A un endroit, le mur est adossé à un étrange édifice, dont les archéologues ne savent que faire : c'est une construction pleine, en forme de prisme à six faces, couronné d'une pyramide, et reposant sur une base demi-circulaire. Le monument, qui n'a que dix mètres et demi de hauteur, est bien petit pour avoir servi de phare ; on a dit que les faces de la pyramide avaient reçu des cadrans solaires : c'est possible, mais on n'en a jamais rien vu. Laissons à l'édifice le nom de Lanterne, qu'on lui donne dans le pays et qui est peut-être son vrai nom.

Le port de Fréjus, dont les quais se développaient sur une longueur totale d'environ deux kilomètres, prenait place parmi les plus grands du monde romain. Celui de Claude à Ostie, le premier de l'Occident, ne le dépassait pas de beaucoup en étendue. Bien d'autres ports célèbres, comme ceux d'Antium, de Civita-Vecchia, ne le valaient pas. Celui de sa rivale Marseille, dont l'antiquité vantait la grandeur, ne lui était pas comparable[1].

Mais il y avait, entre les deux ports de Marseille et de Fréjus, cette différence considérable, que le premier est un des plus beaux ports naturels qui existent au monde, et que la nature n'a absolument rien fait pour celui de Fréjus. Dominé et fermé de toutes parts, sauf à l'étroit passage qui lui sert d'entrée, par des collines hautes et escarpées, le port phocéen était merveilleusement abrité contre tous les vents, et Dieu sait s'il en souffle sur le rivage de la Gaule. Le port romain avait pour abri, au nord, les remparts de la ville; à l'est et à l'ouest, le rideau était continué par les murs des citadelles et ceux qui s'élevaient au-dessus des môles. Le port lui-même est tout entier l'œuvre des hommes : c'est le plus admirable témoignage de ce qu'a pu faire la volonté indomptable du peuple romain. Ses ingénieurs maritimes qui, le plus souvent, n'étaient autres que ses empereurs, n'étaient point difficiles sur le choix des emplacements; ils s'inquiétaient peu des obstacles à surmonter. Les Grecs savaient trouver d'admirables positions : il est vrai qu'ils n'avaient point le temps de construire leurs ports, et que l'essentiel, chez eux, était de trouver au plus tôt un abri pour leurs vaisseaux, des débouchés pour leur commerce. Les Romains sacrifiaient tout à l'intérêt militaire et politique : une seule chose leur importait, la nécessité d'avoir un port à un endroit déterminé. Il leur en fallait un à l'embouchure du Tibre; il n'y avait là ni rade ni collines : le port fut tracé dans la mer, creusé, fermé, abrité de main d'homme; quand il devint insuffisant, on en créa un nouveau, mais dans l'intérieur des terres. Sur le rivage de la Gaule, il n'y avait pas de plus mauvaise situation que la plage de l'Argent; mais Rome, à cet endroit même, avait besoin d'un port : elle créa Fréjus.

Ce port fut-il creusé dans les terres ou sur le sol de la mer? En d'autres termes, le rivage était-il jadis, comme aujourd'hui, à douze cents mètres de la ville ? ou les flots venaient-ils frapper

---

1) Développement des quais d'après M. Aubenas : 1,740 mètres, si on les arrête à la chapelle Saint-Roch; 2,150, si on les prolonge jusqu'à la Plate-forme. Le port de Marseille avait 28 hectares, celui de Claude, 72.

le pied des remparts? La mer s'est-elle, ou non, retirée depuis la période romaine? C'est là une grave question, et à laquelle on ne peut répondre au pied levé. Il me semble qu'elle n'a pas encore été étudiée à fond, mais simplement tranchée dans un sens ou dans l'autre ; car, jusqu'ici, les arguments et les textes ont fait défaut à chacune des deux hypothèses. Ce n'est pas nous, assurément, qui en trouveront : des fouilles seules pourront clore le débat. Personnellement, nous sommes du côté de ceux qui font creuser le port de Fréjus par les Romains dans l'intérieur des terres. Ceux-ci, en effet, se bornent à accepter la situation présente : les autres y substituent une conjecture que rien ne provoque. Que le port fût établi sur la plage ou à un mille de la côte, les Romains étaient en présence des mêmes difficultés. N'y avait-il pas, dans l'un et l'autre cas, des terres à enlever, des môles à construire, des précautions à prendre contre l'envahissement du sable et de la vase? Ne voit-on pas les ingénieurs impériaux, à Ostie, creuser de préférence le nouveau port derrière l'ancien, au milieu des terres, plutôt qu'au devant, en pleine mer? Nous aimons mieux croire, jusqu'à nouvel ordre, qu'un canal a amené dans le bassin créé au pied de Fréjus les eaux de la Méditerranée, et c'est sans trop d'inquiétudes que nous attendons les fouilles promises par M. Aubenas.

Pour empêcher l'envasement de ce port, on y conduisit, à l'aide d'une importante dérivation, les eaux de l'Argent: sous la butte Saint-Antoine existe encore la galerie voûtée qui leur donnait passage, et au delà, dit-on, on a reconnu les vestiges de la vanne d'où elles se précipitaient dans le port. Hors de la ville, à un demi-kilomètre de marche sur la route de Marseille, au quartier des Esclapes, on peut voir les ruines d'un pont établi par les Romains au-dessus de ce canal. M. Aubenas a fait remarquer très justement que les dimensions du pont impliquent le passage d'un fort volume d'eau, ce qui laisse supposer que près de la moitié de l'Argent était amenée dans la ville. Voilà qui nous explique ce mot de Pline l'Ancien : « L'Argent coule dans Fréjus ». On avait accusé Pline d'ignorance ou ses copistes de légèreté : la remarque de M. Aubenas justifie et l'auteur et les scribes. C'est ainsi que l'archéologie locale vient en aide à la critique des textes; et cela nous doit avertir, une fois de plus, que, pour bien connaître le passé, il ne faut négliger aucun détail, aucune minutie, ne dédaigner le secours d'aucune science, ne mépriser les conseils d'aucun érudit.

On le voit, l'étude des monuments de Fréjus a confirmé ce que les textes nous avaient fait deviner : c'est qu'il a été l'œuvre de Rome, qu'il s'est élevé tout d'un coup, sur un plan habilement médité. Les édifices en sont merveilleusement combinés l'un avec l'autre : l'aqueduc, le rempart, le port, les citadelles, forment un ensemble scientifique, un mécanisme dont on ne saurait rien distraire sans tout déranger. On aperçoit partout des marques indéniables de l'unité qui a présidé à la construction de Fréjus : on retrouve sans cesse les mêmes matériaux, les mêmes procédés de maçonnerie, les mêmes tendances architecturales. De l'aveu des hommes compétents, la ville a été bâtie comme on bâtissait au temps d'Auguste, et nous sommes tout prêt à les croire. Textes et monuments, tout nous rappelle donc que Fréjus a été, dès le premier jour, une cité romaine, qu'il est né de la volonté de Rome, qu'en dépit de la nature il s'est élevé là où il fallait, pour la puissance du peuple romain, qu'il y eût un port et une colonie.

L'existence de Fréjus fut ainsi intimement liée aux intérêts de sa métropole. Aussi, la décadence de l'empire fit-elle son malheur. Le jour où furent rompus les liens qui unissaient le fils à sa mère, Fréjus, livré à lui-même, déclina rapidement. Dès le iiie siècle, son nom n'apparaît plus que de loin en loin, perdu dans les sèches nomenclatures des manuels de géographie et des statistiques officielles. Ce qui acheva de le plonger dans l'oubli, c'est qu'en vraie cité romaine, il fit mauvais accueil au christianisme, tandis que sa rivale, Marseille la Grecque, en l'accueillant dès le ier siècle, dut à la religion nouvelle un regain de gloire et de grandeur. Ce n'est qu'au milieu du ive siècle qu'on trouve la trace d'une église chrétienne à Fréjus: et si cette église eut, vers l'an 410, son jour de renommée, ce fut surtout parce qu'Honorat fonda dans son diocèse le célèbre monastère de Lérins. Mais Fréjus ne compte pas dans l'histoire de l'Église primitive : il n'a pas donné une seule inscription chrétienne; il lui manque même, ce que possèdent bien d'autres villes antiques déshéritées à tant d'égards, une tradition authentique.

Aujourd'hui, c'est encore de cette Rome qui l'a créé et qui l'a peuplé, que Fréjus tient tout ce qui lui reste de renom et de prospérité. Il se vante, simple chef-lieu de canton, d'avoir son évêque : il le doit au souvenir du temps où il fut la capitale d'une cité romaine. Ses débris lui attirent plus de voyageurs que

son commerce ou que ses environs : son plus ancien passé
est sa plus belle part de gloire. Les autres villes de la Gaule
ont donné une vie, une couleur modernes à leurs vieux monuments : les restes d'autrefois font planer sur Fréjus comme un
voile de tristesse. En cela, c'est aux nécropoles d'Italie qu'il
ressemble, si bien que, jusque dans ses ruines, on reconnaît en
lui une ville toute romaine.

Et cependant, n'humilions pas cette chère petite cité en com-
parant trop l'éclat de son passé à son obscurité présente : elle
mérite qu'on lui donne moins de regrets et plus d'espérances.
Que lui manque-t-il pour commencer une nouvelle vie, indé-
pendante de ses antiques souvenirs? Son territoire est fertile.
La ville est propre, bien bâtie. Les habitants sont calmes, intelligents, hospitaliers. Le ciel est toujours beau, d'une éton-
nante limpidité : l'air est vif, et, maintenant que le port est
comblé, d'une entière pureté. La mer, tout près de là, à un
quart d'heure de marche, offre une plage douce, moelleuse.
couverte d'un beau sable doré ; on a du rivage des coups d'œil
splendides : les couchers de soleil y sont merveilleux. Que faut-
il de plus pour que Fréjus retrouve des jours de splendeur, et
redevienne, comme au temps des Romains, une cité à la mode,
éclatante et bruyante, au grand désespoir des archéologues, gens
amis du repos et amoureux de la solitude, et qui s'y trouvent
si bien aujourd'hui?

Novembre 1885.

LA FLOTTE DE FRÉJUS

La flotte romaine de Fréjus a vraiment joué de malheur. Aucun des savants autorisés qui s'occupent, de nos jours, des antiquités romaines, n'a voulu lui accorder plus de quelques années d'existence. Les rédacteurs du *Manuel* célèbre que publie la maison Hirzel, de Leipzig, sont encore ceux qui lui font crédit de la plus longue vie : « Cette flotte », écrivait Marquardt, « fut constituée à l'aide des vaisseaux conquis par Octave à la bataille d'Actium : elle semble avoir disparu peu après le règne d'Auguste » ; les nouveaux rédacteurs du *Manuel*, MM. Dessau et Domaszewski, — ce dernier d'ailleurs, seul responsable en cette partie, — n'ont rien changé au texte de leur prédécesseur [1]. Dans un livre sur les flottes romaines qui fait autorité, M. Ferrero dit que l'escadre fréjusienne ne dura pas au delà des premiers temps de l'empire [2]. En France, on a été moins généreux pour Fréjus : on ne veut pas que la flotte y ait séjourné plus de huit ans, depuis la bataille d'Actium, en 31 avant notre ère, jusqu'au moment où la province de Gaule Narbonnaise (dont Fréjus faisait partie) fut abandonnée par Auguste au gouvernement du sénat, l'an 22 avant Jésus-Christ. Suivant une théorie brillamment représentée et vivement défendue par M. Ernest Desjardins, la Gaule Narbonnaise fut en principe reconnue par Auguste, comme ressortissant au sénat ; mais, tant que la flotte d'Actium séjourna à Fréjus, c'est-à-dire depuis l'an 31 jusqu'en l'an 22, l'empereur s'en attribua le gouvernement effectif. Du jour où cette flotte quitta Fréjus, le sénat rentra dans l'exercice de ses droits [3]. Personne, chez nous, n'a fait difficulté pour accepter cette hypothèse, et récemment encore, dans leur beau recueil des *Inscriptions romaines de Fréjus*, MM. Héron de Villefosse et Thédenat, sans y souscrire formellement, n'ont pas moins admis comme un principe indis-

---

1) *Handbuch der rœmischen Alterthümer*, tome V, 1ʳᵉ édition, p. 485 ; 2ᵉ édit. (1884), p. 502.
2) *Ordinamento delle armate romane*, p. 159.
3) *La Gaule Romaine*, tome III, page 153.

cutable que « la flotte de Fréjus eut une courte existence[1]. »

Seuls, les savants locaux ont protesté, et protestent encore. Depuis le bon Antelmi, qui écrivait en 1680 sa dissertation, fort bien faite, sur les commencements de l'église de Fréjus, depuis le savant abbé Girardin, qui publia son histoire de la ville en 1729, jusqu'à notre contemporain, M. Aubenas, aujourd'hui maire de Fréjus, tous ceux qui ont écrit sur *Forum Julii* à Fréjus même, ont été d'accord pour dire que la flotte romaine y séjourna bien après Auguste, bien après le premier siècle, jusqu'au temps au moins de Marc-Aurèle[2].

En thèse générale, quand il s'agit d'une question d'importance à la fois locale et générale, comme est celle de la flotte romaine de Fréjus, on peut ne pas toujours écouter les chercheurs du pays, intéressés à rehausser l'éclat du passé de leur patrie. Mais, en cette matière, il faut peut-être donner raison, contre nos savants de Paris : aux érudits de Fréjus, et regarder la solution la plus favorable à cette ville comme la plus conforme à la vérité.

Comme le stationnement d'une flotte romaine sur le littoral méditerranéen est un fait d'une importance capitale pour notre histoire gauloise, comme la courte durée de cette flotte est un principe accrédité, il n'est sans doute pas inutile de dire quelques mots ici sur cette question essentiellement historique.

I

C'est Tacite qui nous donne la date de la création d'un port de guerre à Fréjus : il nous en parle dans ses *Annales*, à la date de 23 après notre ère, à propos de la situation militaire de l'empire au commencement du règne de Tibère : « L'Italie », dit-il, était défendue par deux flottes, stationnant chacune sur une mer, l'une à Misène, l'autre à Ravenne. Quant à la partie du rivage gaulois qui touchait à l'Italie, elle était protégée par l'escadre des navires à éperons qu'Auguste avait pris à Actium, et

1) *Inscriptions romaines de Fréjus*, 1885, page 12. Voyez également de Villefosse, dans le *Dictionnaire des antiquités grecques et latines*, au mot *classis*.
2) Antelmius, *De initiis ecclesiae Forojuliensis* (1680, Aix, in-4), page 23; [Girardin], *Histoire de la ville et de l'église de Fréjus*, par M. G. C. D. C. D. E. T. (1729, Paris, in-12), tome I, page 108; Aubenas, *Histoire de Fréjus* (1881, Fréjus, in-8), *passim*.

qu'il avait envoyés à Fréjus avec des équipages d'élite [1]. » L'établissement d'une station navale à Fréjus est confirmé par Strabon, qui donne à cette ville le nom de « port d'Auguste [2] ».

Il est aisé de se rendre compte de l'importance de cette flotte à l'aide des récits que nous possédons sur la bataille d'Actium. Au dire de Plutarque, qui prétend même emprunter le chiffre à un document officiel, il y eut 300 vaisseaux de pris par Octave. C'étaient tous des navires de haut bord ; les galères d'Antoine avaient depuis trois jusqu'à dix rangs de rames : 20,000 légionnaires et 2,000 hommes de trait avaient pu trouver place sur les meilleures d'entre elles.

Si telle fut la flotte qu'Octave envoya stationner à Fréjus l'an 31 avant notre ère, il n'est pas croyable qu'elle ait disparu du jour au lendemain, et que l'empereur l'ait expédiée sur les bords de la Méditerranée pour en laisser les vaisseaux pourrir sur leurs ancres. Cela est d'autant moins vraisemblable qu'il dut faire radouber les navires d'Actium. Ne prit-il pas la précaution, dit Tacite, de leur donner des équipages d'élite ? Or de bons matelots ont besoin de bonnes galères.

II

Il est une réflexion qui paraît bien naturelle, et qu'on a trop négligé de faire jusqu'ici. Tacite parle de la flotte de Fréjus en énumérant les forces de l'empire romain l'an 23 de notre ère ; il nous dit en même temps que cette flotte avait été créée par Auguste. Mais il faut admettre de toute façon qu'elle existait au temps de Tibère, sans quoi l'historien l'eût certainement rayée de son énumération...

Il dit d'ailleurs très nettement : « Les rivages de la Méditerranée étaient alors défendus par les trois flottes de Misène, de Ravenne et de Fréjus. » Voilà qui nous oblige à accorder au moins 54 ans d'existence à l'escadre fréjusienne, depuis 31 avant, jusqu'à 23 après Jésus-Christ. Et comme, à cette dernière date, elle

---

1) *Annales*, 4, 5 : *Italiam utroque mari duae classes Misenum apud et Ravennam, proximumque Galliae littus rostratae naves praesidebant, quas Actiaca victoria captas Augustus in oppidum Forojuliense miserat valido cum remige.*

2) Τὸ ναύσταθμον τὸ Καίσαρος τοῦ Σεβαστοῦ, ὃ χαλοῦσι Φόρον Ἰούλιον, Strabon, p. 184, 4, 1, 9.

était encore comparable à ses voisines de Misène et de Ravenne, comme elle paraissait assez forte pour assurer la sécurité de la Narbonnaise, c'est qu'elle avait été soigneusement entretenue par Auguste et par Tibère, c'est qu'elle n'était pas sur le point d'être supprimée. On avait au moins autant besoin d'elle, au dire de Tacite, que de celles de Misène et de Ravenne.

On veut que la présence d'une flotte à Fréjus soit incompatible avec le gouvernement de la province de Narbonnaise par les proconsuls du sénat. Je ne vois pas bien la relation que l'on prétend établir entre ces deux faits : retour de la Narbonnaise au sénat, suppression de la flotte de Fréjus. Les équipages de l'escadre ne formaient pas une garnison assez forte pour déterminer l'empereur à administrer lui-même la province où elle stationnait : leur présence ne suffisait pas à faire de la contrée un district militaire, semblable aux régions de la frontière. D'ailleurs, les deux flottes de Misène et de Ravenne ne se trouvaient-elles pas sur les rivages du gouvernement sénatorial par excellence, de l'Italie?

C'est à cette période de l'histoire de la flotte fréjusienne que se rattachent les deux inscriptions suivantes, épitaphes de marins morts à Fréjus même.

La première existe au *Musée* municipal de Fréjus, musée fondé et brillamment installé par M. Aubenas :

///O///IVMO
///RIS I ONIS
///ELEVS I AE

Postumo, Aristonis filio, celeustæ. Ce Postumus était un *celeusta* (κελευστής), de la flotte de Fréjus, c'est-à-dire, probablement, « chef de chiourme chargé de régler la mesure », comme dit M. Mowat. La forme des caractères, qui est fort belle, ne permet guère de placer l'inscription plus tard que le règne d'Auguste[1].

C'est un contemporain de ce Postumus, que le triérarque Anthus, tour à tour esclave de Livie et de Tibère, dont l'épitaphe nous a été conservée par Peiresc[2] :

---

1) Notre copie. — De Villefosse et Thédenat, *Inscriptions*, n° 70; cf. Mowat *Bulletin épigraphique* de 1885, p. 17.

2) *Forojulii, eruta 1628, apud D. Anthelmium,* Peiresc, *Inscriptiones antiquiæ,* t. II (*Bibl. nat.,* latin 8958), f. 27 v°; — cf. de Villefosse, n° 8.

ANTHO · CAESARⁱˢ
TRIERARCHO · LIVIANO
C · IVLIVS · IASO · F · C ·

La dédicace d'un monument élevé à Vénafre, en Italie, nous fait connaître un Sextus Aulienus, originaire de Fréjus, et qui y fut duumvir : ce même Aulienus fut préfet d'une flotte, *praefectus classis*, au commencement, semble-t-il, du règne de Tibère. Il y a toute apparence que ce soit la flotte de Fréjus qu'il ait commandée [1].

III

Au delà de l'an 23, nous perdons la trace, du moins pendant de longues années, de la flotte de Fréjus. Il nous est impossible de dire, au moins à coup sûr, si elle existait au temps des guerres civiles de 68 et de 69. On sait qu'en 69, Fréjus et ses environs furent le théâtre d'un épisode de la grande lutte entre les partisans d'Othon et ceux de Vitellius. Mais il est malaisé de tirer des événements auxquels Fréjus fut mêlé une conclusion définitive en faveur du maintien ou de la suppression de son escadre. C'est ainsi que Fréjus, qui avait embrassé le parti de Vitellius, demande et obtient de son général Valens une garnison afin de le protéger contre les tentatives de la flotte d'Othon : on pourrait donc penser qu'il n'y avait alors à Fréjus ni vaisseaux ni matelots ; mais qui empêche de croire que l'escadre fréjusienne, après s'être déclarée, comme toutes les autres, en faveur d'Othon, soit allée les rejoindre pour soutenir de plus près son candidat ? Ne voyons-nous pas les deux flottes de Misène et de Ravenne réunies en ce moment même sous les ordres d'un seul chef et guerroyant de concert sur les côtes de l'Italie ? Les marins de Fréjus ne pouvaient-ils être avec eux ?

---

1) *Corpus*, X, n° 4868. M. Hirschfeld, *Untersuchungen*, p. 124, note, croit qu'il s'agit de la flotte de Misène, le monument ayant été trouvé à Vénafre, dans la même région. Mais Vénafre est bien loin de Misène.

Quelque temps après, on trouve le procurateur Valérius Paullinus, ami de Vespasien, occupant Fréjus avec une garnison, et tenant la mer avec des liburnes : grâce à sa petite escadre, il put détruire près des îles d'Hyères les vaisseaux, d'ailleurs en nombre insignifiant, sur lesquels s'étaient réfugiés Valens et ses derniers soldats, et s'emparer du chef vitellien[1]. Il semble bien que Paullinus cherchât à reconstituer la flotte de Fréjus. Mais agissait-il en son nom ou en celui de Vespasien ? Et peut-on conclure qu'il faisait œuvre administrative et non pas acte de partisan ? Les indices sont plutôt favorables à l'existence d'une flotte à Fréjus. Mais les preuves font défaut.

Voici maintenant une inscription qui ne peut être antérieure à Marc-Aurèle, et qui paraît révéler l'existence à Fréjus, au IIe siècle, d'une flottille détachée, sinon d'une flotte complète :

D · N///
AN///////////////////////
M · AVR · AN//////////
PR//////CLASSI////////
AP////////////////////////

On a interprété différemment la quatrième ligne. Les uns, et c'est la très grande majorité, l'ont complétée par *praefectus classis*; d'autres, et en particulier M. Hirschfeld, par *princeps classis*[2] : cette dernière explication nous paraît plus plausible, étant donné que le défunt, portant le prénom et le gentilice de l'empereur, ne pouvait guère être un personnage de qualité, tels que l'étaient les préfets de la flotte au IIe siècle. Quoi qu'il en soit, l'inscription ayant été trouvée à Fréjus, il est infiniment probable qu'il s'agit d'un soldat de la flotte fréjusienne.

Mais l'inscription est-elle authentique ? Nous n'en connaissons que la copie imprimée par Antelmi en 1680, copie précédée de cette seule mention : *Extat siquidem in Urbe fragmentum quoddam, sequentia hactenus exhibens*[3]. M. Hirschfeld se demande si elle est bien vraie[4]. M. Ferrero la range nettement parmi les textes suspects[5]. On pourrait croire, en effet, qu'un Fréjusien

---

1) *Histoires* de Tacite, 2, 14; 3, 43.
2) *Untersuchungen*, page 127, note.
3) *De Initiis*, page 23.
4) *Untersuchungen*, page 127.
5) *L'ordinamento delle armate romane*, page 27*, n° 32*

patriote l'aura forgée pour reculer de deux siècles la suppression de la flotte impériale. Mais je crois qu'on ne peut s'arrêter à ce soupçon. Il n'y a pas, dans tout le livre d'Antelmi, il n'y a pas, dans toute l'épigraphie de Fréjus, une seule inscription contestable. Antelmi, qui n'était ni un ignorant ni un aveugle, tant s'en faut, joignait à une science délicate la plus entière bonne foi et la plus parfaite sincérité. De plus, l'inscription ne contient rien en soi de fâcheux pour elle : sa rédaction est simple et correcte.

Nous ne voulons pas en conclure qu'il y avait encore une flotte de Fréjus au temps de Marc-Aurèle : nous pensons seulement que cette inscription est, non pas une preuve, mais un témoignage très important en faveur de cette hypothèse.

Enfin, il est impossible à ceux qui ont vu les ruines et étudié le port de la colonie de Fréjus de penser que sa flotte n'a eu que cinquante ans d'existence. Ceci, je l'avoue, est moins encore une preuve qu'une impression personnelle. Mais, quand on examine de près cette merveilleuse organisation maritime, ce port construit contre toutes les lois de la nature et d'après toutes les règles de l'art, ces ouvrages de défense si habilement disposés, ces arsenaux, ces greniers et ces forteresses assemblés avec une aussi parfaite méthode, on ne peut croire qu'ils aient été sacrifiés dès le début de l'empire. On voit, au contraire, que tout a été conservé soigneusement, constamment entretenu ; on chercherait en vain des traces d'abandon ou de délabrement autres que les ruines faites par les barbares. Or une place forte maritime suppose une garnison et des vaisseaux de guerre.

Ni les textes de Tacite, ni l'inscription d'Antelmi, ni l'étude des ruines de Fréjus, ne forment, nous le répétons, une série de preuves décisives. Mais, comme on ne saurait alléguer, contre le maintien de la flotte, que le silence des textes écrits, je n'hésite pas, pour ma part, à croire que l'escadre a subsisté, au moins jusqu'au temps de Commode. Il est possible qu'on l'ait réduite : elle ne fut supprimée qu'après Marc-Aurèle. Peut-être nous trompons-nous : mais, heureusement, c'est là une question sur laquelle l'avenir peut nous apporter une solution définitive. Le sol de Fréjus renferme des richesses inexplorées, et livrera, un jour ou l'autre, des trésors de monuments et de documents à l'histoire de notre Gaule romaine.

CAMILLE JULLIAN.